ひとりで楽しく学べる
英

この本のあん内人
かみの毛はん分の
はんぱつ君

JN107203

1 子音 大もじのかき方と発音

2 母音 大もじのかき方と発音

3 大もじ ふくしゅう

4 小もじ おぼえよう

5 テスト ちょうせんしよう

聞く・話す・読む・書く
英語4技能の育て方

英語を聞く・話す　英語圏では英語は「音」から学びます

英語圏の子ども

生まれた時から
ネイティブ英語
を毎日聞いて、
マネをします。

生活の中で自然に英
語をしゃべれるよう
になります。

日本人の子ども

学校で「日本語に無い英
語の音」「日本語に無い
発音の強弱」を意識して
聞いてマネができるよう
な学習をします。

くり返し練習を
重ねしゃべれる
ようになります。

英語の読み・書き　英語圏の子どもも学校で習います

読み書きのルールを知る。漢字に音読みと訓読みがあるようにア
ルファベットにもアルファベット読みとその発音読みがありま
す。例えば・・アルファベットPの発音はプッ、アルファベット
Eの発音はエ、アルファベットNの発音はンヌ。3つの発音を合
わせると **P** + **E** + **N** = PEN
ㅤㅤㅤㅤㅤㅤㅤプッ　エ　ンヌ

英語の強弱も気をつけます。

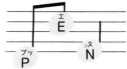

読みかたのルールを知ったら、1人で文字や単語が読めるように
なり、書く練習が始まります。

読み書きのルール（文字と発音の関係）の教え方を
Phonics（フォニックス）と言います。

フォニックスを学ぶとどうなるの？

1. 知らない英単語を耳で聞いただけでスペルが分かり正しく書くことができるようになる。
2. はじめて見る単語が読めるようになっていく。
3. 英語を「聞きとる耳」が養える。
4. 英語で「発言」することに自信が持てるようになる。
5. 1人で学習ができるようになる。
6. フォニックスを最初に学習することにより今後の英語学習がずっと楽しく楽になる。

この本の特長

1人で！楽しく！くり返し！

QRコードを読みこみ レッスン開始

発音時の口の形が同じ「子音の組み合わせ」から練習を開始します。「大文字」と「発音」から学習をスタートさせます。その後「小文字の字かきうたのアニメーション」で小文字を書く練習をします。

ビデオの中の先生のマネができたら「好きなシール」を貼ります。

アップで口マネ舌マネ

アニメ小文字の字かきうた♪

英語のリズムが身につく

161個の和製英語の発音矯正

ネイティブの先生のお手本でリズミカルに、日本語として使われている外来語を本来の英語の発音に直し語彙を増やしていきます。英語特有の発音の強弱を身につけることができます。

クイズのようなテストができる

習った文字の定着

一文字ずつの「読み方」と「発音」の聞き取りテストをし、文字と発音の繋がりを学びます。「わかった！」「できた！」「楽しい！」そして「もっと知りたい！」と、知的好奇心が育まれます。ビデオ内で先生が答えを示してくれるので、お子様一人でも学習がすすめられます。

聞いて、先生の口元をみて

書く練習

この本では、
アルファベットを「音」から学習します。

この本の使い方

始める前に
アルファベットを知ろう！

形を知ろう！

ドリルをスタートさせる前に、『ぬりえ』でアルファベットの形を知っていきます。

DOG

音を知ろう！

母音と子音があることを紹介します。
まず子音から練習を始めます。この本で習うアルファベットの順番を紹介します。

さあいこう！

1 子音（しいん）大（おお）もじのかき方（かた）と発音（はつおん）

QRコードでYouTubeにアクセスします。

ビデオの中の先生のお手本をよく聞いてマネしてみましょう。先生の口の形をよくみてくださいね。

ビデオの中の先生がアルファベットの書き方を教えてくれます。「したにDOWN」「うえにUP」「よこにACROSS」など、先生の言葉をよく聞いて書いてみましょう。

記憶に残るように、音の特徴を「ことば」にしてみました。発音のヒントにしてください。

先生のように言えたら合格です。合格したら好きなシールをはりましょう。

アルファベット3〜4文字毎の読み方と発音の確認テストをします。

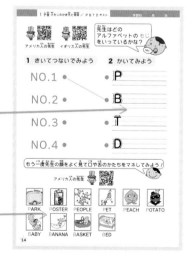

単語もまとめて復習していきます。

ポイント

最初はビデオ全体の5%のマネができれば上出来です。
上達の過程が大切な学びの場になっていきます。
お子さんの伸びしろを誉めてあげて下さい。
『他の子とペースが違っていても大丈夫です』

2 母音（ぼいん）大（おお）もじのかき方（かた）と発音（はつおん）

子音が終わったら次は母音です。子音と同じ学習方法です。

3 大もじ ふくしゅう

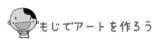 もじでアートを作ろう

大もじをつなげて絵をかこう！

> AからZまで見ないで
> 書けるかタイムを計って
> 練習してみましょう。

4 小もじ おぼえよう

 まずは **小もじの字かきうたを歌おう**

小もじをaからzまで書いてみましょう

> 一番上に小もじの見本が
> あります。

色んなヒントを参考にしましょう

> 字書き歌の歌詞。

> ネコの位置がその小もじを
> 書く場所です。

> 大もじから小もじに変身！

5 テスト ちょうせんしよう

> QRコードを読み取るだけでテストが
> 始まります。

> ビデオの中で先生が答えを
> 言ってくれるので、
> お子さん1人でも学習がで
> きます。

アルファベットの
かたちをしろう！
ぬりえ

ANGRY
AVOCADO

BEE

FENCE

GORILLA

HOUSE

LIGHT

MONSTER

NOISE

RIVER

SNAKE

TIGER

FOX
FOXES

YEAH!

ZIGZAG

CURVE

DOG

ELEPHANT

INK

JUMP

KITE

OCTOPUS

POT

QUACK
QUACK
QUACK

UMBRELLA

VALLEY

WING

おかあさんの音（母音）と 子どもの音（子音）

発音には、母音と子音があります。
子音には、ビックリするくらいの小さな音もあります。
にほんごには無い発音もいっぱいありますよ。
1つずつべんきょうしていきましょう。

この本でならうアルファベットのじゅんばん

さあいこう！

子どもの音
はつおんが
にている
アルファベット

P と B 1

T と D 2

S と Z 3

K と G 4 ハード

F と V 5

M と N 6

子どもの音

C 7 ハード

H 8

R 9

L 10

X 11

Y 12

W 13

QU 14

子どもの音
はつおんが
おなじ
アルファベット

J と G 15 ソフト

S と C 16 ソフト

お母さんの音
みじかい
母音

A.E.I 17

O.U 18

がんばろう！

1 しいん
子音

おお　　　　　　かた　　はつおん
大もじのかき方と発音

ビデオレッスンの始まり(はじ)は？

ビデオの中(なか)の先生(せんせい)は
『This is a letter ○ 』と言(い)って
レッスンを始(はじ)めます。
ここでの『a letter ○ 』は
『1つの ○ の文字(もじ)』と言(い)う意味(いみ)です。

文字(もじ)をかく場所(ばしょ)は？

4本(ほん)せんを使(つか)って書(か)きます。
いちばん上(うえ)のせんから赤(あか)いせんまで
をつかいます。

気(き)をつけることは？

上(うえ)のせんと赤(あか)いせんに字(じ)がちゃんと
くっついていることです。

かきじゅんは？

自由(じゆう)です。この本(ほん)の中(なか)の動画(どうが)の先生(せんせい)
がいっているかきじゅんは1つの例(れい)
です。わかりやすくきれいな字(じ)をか
くことを心(こころ)がけましょう。

P

< p >
発音記号

P の音は
スイカのタネを
とばすときの　　プ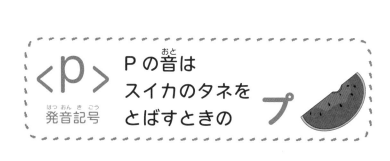

1　QRコードから先生のおてほんを聞いてみよう

 アメリカ人の先生

イギリス人の先生

おてほんにでてくるたんご

PARK	POSTER	PEOPLE	PET	PEACH	POTATO

こうえん	ポスター	ひとたち	ペット	モモ	じゃがいも

2　なんども聞いてマネしてみよう！

3　書いてみよう

P P P

せんせいのようにいえたら
ごうかくです！

ごうかくしたら
すきなシールを
はりましょう

★ 10

B

<b>
発音記号

B の音は
バーンの　バ

1 QR コードから先生のおてほんを聞いてみよう

アメリカ人の先生

イギリス人の先生

おてほんにでてくるたんご

BABY あかちゃん

BANANA バナナ

BASKET かご

BED ベッド

2 なんども聞いてマネしてみよう！

3 書いてみよう

B B B

せんせいのようにいえたら
ごうかくです！

ごうかくしたら
すきなシールを
はりましょう

11

T

<t> T の音は
リコーダーをふく時
発音記号 みたいに t, t, t

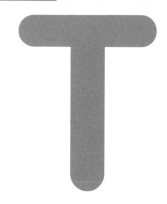
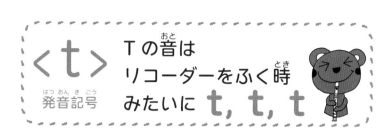

1 QRコードから先生のおてほんを聞いてみよう

アメリカ人の先生　　　　イギリス人の先生

おてほんにでてくるたんご

TEA	TEAM	TENT	TOMATO	TICKET	TABLE
こうちゃ	チーム	テント	トマト	チケット	テーブル

2 なんども聞いてマネしてみよう！

3 書いてみよう

2→
1↓ T T T

せんせいのようにいえたら
ごうかくです！

ごうかくしたら
すきなシールを
はりましょう

D

< d >
発音記号

D の音は
ドレミのドの
さいしょの音 ♪

1　QRコードから先生のおてほんを聞いてみよう

アメリカ人の先生

イギリス人の先生

おてほんにでてくるたんご

DREAM	DRUM	DOG	DESK	DOUGHNUT DONUT	DOLPHIN

ゆめ	ドラム	いぬ	つくえ	ドーナッツ	いるか

2　なんども聞いてマネしてみよう！

3　書いてみよう

D D D D

せんせいのようにいえたら
ごうかくです！

ごうかくしたら
すきなシールを
はりましょう

アメリカ人の先生　　イギリス人の先生

先生はどの
アルファベットの もじ
をいっているかな？

ABC

1 きいてつないでみよう

2 かいてみよう

NO.1 •　　• P

NO.2 •　　• B

NO.3 •　　• T

NO.4 •　　• D

もう一度先生の顔をよく見て口や舌のかたちをマネしてみよう！

アメリカ人の先生

 PARK

 POSTER

 PEOPLE

 PET

 PEACH

 POTATO

 BABY

 BANANA

 BASKET

 BED

アメリカ人の先生

イギリス人の先生

先生はどの
アルファベットの おと
をいっているかな？

1 きいてつないでみよう

NO.1 ●

NO.2 ●

NO.3 ●

NO.4 ●

2 かいてみよう

● P

● B

● T

● D

P.B.T.D の先生の発音をもう一度よく聞いてみよう！

イギリス人の先生

TEA

TEAM

TENT

TOMATO

TICKET

TABLE

DREAM

DRUM

DOG

DESK

DOUGHNUT
DONUT

DOLPHIN

S

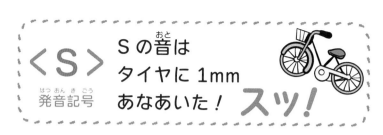

＜ S ＞
発音記号

S の音は
タイヤに 1mm
あなあいた！ スッ！

1 QR コードから先生のおてほんを聞いてみよう

アメリカ人の先生

イギリス人の先生

おてほんにでてくるたんご

SEESAW　**SUMMER**　**SNAKE**　**SANDWICH**　**SPRING**

シーソー　　　なつ　　　　へび　　サンドウィッチ　　はる

2 なんども聞いてマネしてみよう！

3 書いてみよう

S S S

せんせいのようにいえたら
ごうかくです！

★ ★ ★ ★
ごうかくしたら
すきなシールを
はりましょう

Z

< Z > Zの音は Sの口で **ず～**
発音記号

1 QRコードから先生のおてほんを聞いてみよう

アメリカ人の先生

イギリス人の先生

おてほんにでてくるたんご

ZERO　　ZIGZAG　　ZOO　　ZIP

ゼロ　　ジグザグ　　どうぶつえん　　ファスナー

2 なんども聞いてマネしてみよう！

3 書いてみよう

Z Z Z

せんせいのようにいえたら
ごうかくです！

★ ★ ★ ★ ★
ごうかくしたら
すきなシールを
はりましょう

K

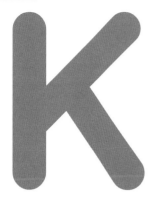

<k>
発音記号

K の音は
ククッと笑って ク

1 QRコードから先生のおてほんを聞いてみよう

アメリカ人の先生

イギリス人の先生

おてほんにでてくるたんご

KANGAROO	KICK	KEY	KITE	KING	KICK
カンガルー	ける	かぎ	タコ	おうさま	ける

2 なんども聞いてマネしてみよう！

3 書いてみよう

K K K

せんせいのようにいえたら
ごうかくです！

ごうかくしたら
すきなシールを
はりましょう

G

ハード

<g>
発音記号

ハード G の音は
K の口で音をだす。

グッ

1　QR コードから先生のおてほんを聞いてみよう

アメリカ人の先生

イギリス人の先生

おてほんにでてくるたんご

GARDEN	GATE	GHOST	GAME/GOAL	GIFT	GET

にわ	もん	ゆうれい	ゲーム / ゴール	おくりもの	てにいれる

2　なんども聞いてマネしてみよう！

3　書いてみよう

 G G

せんせいのようにいえたら
ごうかくです！

★ ★ ★ ★ ★
ごうかくしたら
すきなシールを
はりましょう
★ ★ ★ ★ ★

アメリカ人の先生　　イギリス人の先生

先生はどの
アルファベットの もじ
をいっているかな？

1 きいてつないでみよう

NO.1 •

NO.2 •

NO.3 •

NO.4 •

2 かいてみよう

• S

• Z

• K

ハード
• G

もう一度先生の顔をよく見て口や舌のかたちをマネしてみよう！

アメリカ人の先生

SEESAW

SUMMER

SNAKE

SANDWICH

SPRING

ZERO

ZIGZAG

ZOO

ZIP

 アメリカ人の先生  イギリス人の先生

先生はどの
アルファベットの おと
をいっているかな？

1 きいてつないでみよう

NO.1 •

NO.2 •

NO.3 •

NO.4 •

2 かいてみよう

• S

• Z

• K

ハード
• G

S.Z.K.G の先生の発音をもう一度よく聞いてみよう！

イギリス人の先生

KANGAROO

KICK

KEY

KITE

KING

KICK

GARDEN

GATE

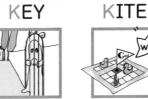
GHOST GAME/GOAL

GIFT

GET

⭐ 21

F

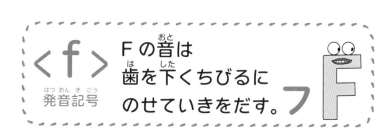

＜ f ＞
発音記号

F の音は
歯を下くちびるに
のせていきをだす。

フ F

1 QRコードから先生のおてほんを聞いてみよう

アメリカ人の先生

イギリス人の先生

おてほんにでてくるたんご

FARMER	FRESH	FATHER	FLOAT	FROG	FLY

FUN!
たのしい！

のうか	しんせんな	おとうさん	うく	カエル	とぶ

2 なんども聞いてマネしてみよう！

3 書いてみよう

F F F

せんせいのようにいえたら
ごうかくです！

ごうかくしたら
すきなシールを
はりましょう

22

V

<V> 発音記号

V の音は
F の口で　ブ

1 QRコードから先生のおてほんを聞いてみよう

アメリカ人の先生

イギリス人の先生

おてほんにでてくるたんご

VIOLIN	VANILLA	VILLAGE	VISITOR	VACATION	VEGETABLE
バイオリン	バニラ	むら	ほうもんしゃ	きゅうか	やさい

2 なんども聞いてマネしてみよう！

3 書いてみよう

V V V

せんせいのようにいえたら
ごうかくです！

ごうかくしたら
すきなシールを
はりましょう

23

M

<m>
発音記号

M の音は
テンプーラ！の　ン

1　QR コードから先生のおてほんを聞いてみよう

アメリカ人の先生

イギリス人の先生

おてほんにでてくるたんご

MAGIC	MONKEY	MONSTER	MUSIC	MOON	MORNING
てじな	サル	モンスター	おんがく	おつきさま	あさ

2　なんども聞いてマネしてみよう！

3　書いてみよう

M M M

せんせいのようにいえたら
ごうかくです！

ごうかくしたら
すきなシールを
はりましょう

N

<n>
発音記号

Nの音は
天どんの　ン

1　QRコードから先生のおてほんを聞いてみよう

アメリカ人の先生

イギリス人の先生

おてほんにでてくるたんご

NO!	NURSE	NO!	NOISE	NICE	NAME

ヤダ！　かんごしさん　ダメ！　そうおん　すてきな　なまえ

2　なんども聞いてマネしてみよう！

3　書いてみよう

N N N

せんせいのようにいえたら
ごうかくです！

ごうかくしたら
すきなシールを
はりましょう

25

アメリカ人の先生

イギリス人の先生

先生はどの
アルファベットの もじ
をいっているかな？
ABC

1 きいてつないでみよう

2 かいてみよう

NO.1 ●　　● F

NO.2 ●　　● V

NO.3 ●　　● M

NO.4 ●　　● N

もう一度先生の顔をよく見て口や舌のかたちをマネしてみよう！

アメリカ人の先生

FUN!

FARMER

FRESH

FATHER

FLOAT

FROG

FLY

VIOLIN

VANILLA

VILLAGE

VISITOR

VACATION

VEGETABLE

 アメリカ人の先生　 イギリス人の先生

先生はどの
アルファベットの おと
をいっているかな？

1 きいてつないでみよう

NO.1 ●

NO.2 ●

NO.3 ●

NO.4 ●

2 かいてみよう

● F

● V

● M

● N

F.V.M.Nの先生の発音をもう一度よく聞いてみよう！

イギリス人の先生

 MAGIC　 MONKEY　 MONSTER　 MUSIC　 MOON　 MORNING

NO!　NURSE　NO!　NOISE　NICE　 NAME

27

C

ハード

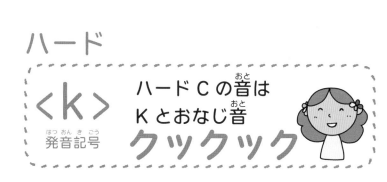

< k >
発音記号

ハードCの音は
Kとおなじ音
クックック

1　QRコードから先生のおてほんを聞いてみよう

アメリカ人の先生

イギリス人の先生

おてほんにでてくるたんご

CAMERA	CAT	CUTE	CAP	CORNER	CRY

カメラ	ねこ	かわいい	ぼうし	すみっこ	なく

2　なんども聞いてマネしてみよう！

3　書いてみよう

C C C

せんせいのようにいえたら
ごうかくです！

ごうかくしたら
すきなシールを
はりましょう

H

<h>
発音記号

Hの音は
ため息のさいしょ
の音だよ。

1 QRコードから先生のおてほんを聞いてみよう

アメリカ人の先生

イギリス人の先生

おてほんにでてくるたんご

HAT	HAIR	HAPPY	HONEY	HAMMER	HAND
ぼうし	かみのけ	うれしい	はちみつ	ハンマー	て

2 なんども聞いてマネしてみよう！

3 書いてみよう

H H H

せんせいのようにいえたら
ごうかくです！

ごうかくしたら
すきなシールを
はりましょう

R

< r >
発音記号

R の音は
ラーメンすする
ときの舌で **うー**

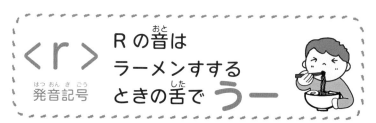

1　QRコードから先生のおてほんを聞いてみよう

アメリカ人の先生

イギリス人の先生

おてほんにでてくるたんご

RAIN	RAINBOW	RABBIT	RADIO	ROOM	ROOF
あめ	にじ	うさぎ	ラジオ	へや	やね

2　なんども聞いてマネしてみよう！

3　書いてみよう

R R R

せんせいのようにいえたら
ごうかくです！

ごうかくしたら
すきなシールを
はりましょう

L

< l >
発音記号

Lの音は
ラムネの **ラ** の
さいしょの音

1 QRコードから先生のおてほんを聞いてみよう

アメリカ人の先生

イギリス人の先生

おてほんにでてくるたんご

LION	LONG	LUNCH	LEFT	LEMON	LESSON

ライオン	ながい	おひるごはん	ひだり	レモン	レッスン

2 なんども聞いてマネしてみよう！

3 書いてみよう

1
2→
L　L　L

せんせいのようにいえたら
ごうかくです！

★ ★ ★ ★ ★
ごうかくしたら
すきなシールを
はりましょう
★ ★ ★ ★ ★

アメリカ人の先生　　イギリス人の先生

先生はどの
アルファベットの もじ
をいっているかな？

1 きいてつないでみよう

NO.1 ●

NO.2 ●

NO.3 ●

NO.4 ●

2 かいてみよう

● C （ハード）

● H

● R

● L

もう一度先生の顔をよく見て口や舌のかたちをマネしてみよう！

アメリカ人の先生

CAMERA

CAT

CUTE

CAP

CORNER

CRY

HAT

HAIR

HAPPY

HONEY

HAMMER

HAND

アメリカ人の先生　 イギリス人の先生

先生はどの
アルファベットの おと
をいっているかな？

1 きいてつないでみよう

NO.1 ●

NO.2 ●

NO.3 ●

NO.4 ●

2 かいてみよう

● C（ハード）

● H

● R

● L

C.H.R.L の先生の発音をもう一度よく聞いてみよう！

 イギリス人の先生

 RAIN

 RAINBOW

 RABBIT

 RADIO

 ROOM

 ROOF

LION

 LONG

 LUNCH

 LEFT

 LEMON

 LESSON

<ks>
発音記号

Xの音は
KとS合体
したら　　X KS

1 QRコードから先生のおてほんを聞いてみよう

アメリカ人の先生

イギリス人の先生

おてほんにでてくるたんご

BOX	FOX	FIX	MIX	SIX	MAX(略語)

はこ	きつね	しゅうり	まぜる	6	さいだい

2 なんども聞いてマネしてみよう！

3 書いてみよう

X X X

せんせいのようにいえたら
ごうかくです！

★★★★★
ごうかくしたら
すきなシールを
はりましょう

Y

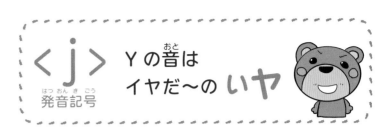

`< j >`
発音記号（はつおんきごう）

Y の音（おと）は
イヤだ〜の　いヤ

1　QR コードから先生（せんせい）のおてほんを聞（き）いてみよう

アメリカ人（じん）の先生（せんせい）

イギリス人（じん）の先生（せんせい）

おてほんにでてくるたんご

YET	YARD	YESTERDAY	YEAR	YEN	YES
		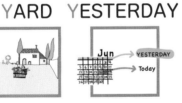			
まだ（〜ない）	にわ	きのう	1ねんかん	えん	そうです！

2　なんども聞（き）いてマネしてみよう！

3　書（か）いてみよう

Y Y Y

せんせいのようにいえたら
ごうかくです！

★ ★ ★ ★ ★
ごうかくしたら
すきなシールを
はりましょう

W

<W>
発音記号

W の音は
はく時の
口で　　ウッ

うっ…

1 QR コードから先生のおてほんを聞いてみよう

アメリカ人の先生

イギリス人の先生

おてほんにでてくるたんご

WISH	WING	WINDOW	WINTER	WIN	WINK
				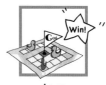	
ねがう	つばさ	まど	ふゆ	かつ	ウィンク

2 なんども聞いてマネしてみよう！

3 書いてみよう

W W W

せんせいのようにいえたら
ごうかくです！

ごうかくしたら
すきなシールを
はりましょう

Q と U はともだち！
いつもいっしょにいるよ！

QU

<kw>
発音記号

QU の音は
K と W を
つづけて言おう

1　QR コードから先生のおてほんを聞いてみよう

アメリカ人の先生

イギリス人の先生

おてほんにでてくるたんご

QUEEN

じょうおうさま

QUIET

しずかな

QUIZ

もんだい

QUESTION

しつもん

QUACK! QUACK!

ガー！ガー！

2　なんども聞いてマネしてみよう！

3　書いてみよう

QU　　QU

せんせいのようにいえたら
ごうかくです！

ごうかくしたら
すきなシールを
はりましょう

アメリカ人の先生

イギリス人の先生

先生はどの
アルファベットの もじ
をいっているかな？

ABC

1 きいてつないでみよう

NO.1 ●

NO.2 ●

NO.3 ●

NO.4 ●

2 かいてみよう

● X

● Y

● W

QとU はともだち！いつもいっしょだよ
● QU

もう一度先生の顔をよく見て口や舌のかたちをマネしてみよう！

アメリカ人の先生

BOX

FOX

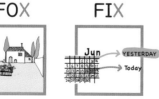
FIX

MIX

SIX

MAX

YET

YARD

YESTERDAY

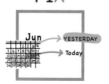
YEAR

YEN

YES

アメリカ人の先生　イギリス人の先生

先生はどの
アルファベットの おと
をいっているかな？

1 きいてつないでみよう

NO.1 ●

NO.2 ●

NO.3 ●

NO.4 ●

2 かいてみよう

● X

● Y

● W

QとUはともだち！いつもいっしょだよ
● QU

X.Y.W.QU の先生の発音をもう一度よく聞いてみよう！

イギリス人の先生

WISH　WING　WINDOW　WINTER　WIN　WINK

QUEEN　QUIET　QUIZ　QUESTION　QUACK! QUACK!

39

<d3>
発音記号

J の音は
てっぱんに
やき肉のせて **ジュ**

1　QR コードから先生のおてほんを聞いてみよう

アメリカ人の先生

イギリス人の先生

おてほんにでてくるたんご

JAPAN	JAPANESE	JACKET	JAM	JUMP	JET
にほん	にほんじん <にほんの>のいみもある	うわぎ	ジャム	ジャンプ	ジェットき

2　なんども聞いてマネしてみよう！

3　書いてみよう

J J J

せんせいのようにいえたら
ごうかくです！

ごうかくしたら
すきなシールを
はりましょう

G

ソフト

<d3> 発音記号

ソフト G の音は
となりに E, I, Y がきたら
G は J の音になります。ジュ

* このルールには例外があります。

1 QR コードから先生のおてほんを聞いてみよう

アメリカ人の先生

イギリス人の先生

おてほんにでてくるたんご

GERMAN

ドイツじん
<ドイツの>のいみもある

GENTLEMAN

しんし

GIANT

きょじん

GESTURE

ジェスチャー

GENTLE

やさしい

GIRAFFE

キリン

2 なんども聞いてマネしてみよう！

3 書いてみよう

G G G

せんせいのようにいえたら
ごうかくです！

ごうかくしたら
すきなシールを
はりましょう

C

ソフト

〈S〉 発音記号

ソフト C の音は
となりに E,I,Y がきたら C は
S の音になります。**スッ!**

＊このルールには例外があります。

1 QRコードから先生のおてほんを聞いてみよう

アメリカ人の先生

イギリス人の先生

おてほんにでてくるたんご

CIRCUS	CIRCLE	CITY	CENTER	CENTIMETER	CEILING

サーカス	まる	とかい	まんなか	センチメートル	てんじょう

2 なんども聞いてマネしてみよう！

3 書いてみよう

C C C

せんせいのようにいえたら
ごうかくです！

ごうかくしたら
すきなシールを
はりましょう

S

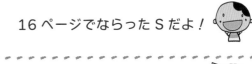

16ページでならった S だよ！

< S >

発音記号

S の音は
タイヤに 1mm
あなあいた！ スッ！

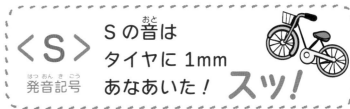

1　QR コードから先生のおてほんを聞いてみよう

 アメリカ人の先生

イギリス人の先生

おてほんにでてくるたんご

SEESAW	SUMMER	SNAKE	SANDWICH	SPRING

シーソー	なつ	へび	サンドウィッチ	はる

2　なんども聞いてマネしてみよう！

3　書いてみよう

S S S

せんせいのようにいえたら
ごうかくです！

ごうかくしたら
すきなシールを
はりましょう

アメリカ人の先生

イギリス人の先生

先生はどの
アルファベットの もじ
をいっているかな？

1 きいてつないでみよう

NO.1 ●

NO.2 ●

NO.3 ●

NO.4 ●

2 かいてみよう

● J

● G ソフト

● C ソフト

● S

もう一度先生の顔をよく見て口や舌のかたちをマネしてみよう！

アメリカ人の先生

JAPAN　JAPANESE　JACKET　JAM　JUMP　JET

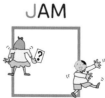

GERMAN　GENTLEMAN　GIANT　GESTURE　GENTLE　GIRAFFE

アメリカ人の先生

イギリス人の先生

先生はどの
アルファベットの おと
をいっているかな？

1　きいてつないでみよう

NO.1 ●
2つえらんでね

NO.2 ●
2つえらんでね

2　かいてみよう

● J

● ソフト
G

● ソフト
C

● S

J.G.C.S の先生の発音をもう一度よく聞いてみよう！

イギリス人の先生

CIRCUS

CIRCLE

CITY

CENTER

CENTIMETER

CEILING

SEESAW

SUMMER

SNAKE

SANDWICH

SPRING

45

2 ぼいん 母音

大おおもじのかき方かたと発音はつおん

ここまでは
子こどもの音おと（子音しいん）
を習ならってきました。

ここからは
みじかく言いう母音ぼいんを
覚おぼえていきましょう！

母音ぼいんってなあに？

おかあさんの音おと（母音ぼいん）

歯はや舌したが口くちの中なかでジャマ
をしないでだせる音おとを
お母かあさんの音おととかいて
母音ぼいんと言いいます。

A

〈æ〉
発音記号

A の音は
エの口で ア

* イギリスえいごでは、あごをさげて発音することが多いです。

1 QRコードから先生のおてほんを聞いてみよう

アメリカ人の先生

イギリス人の先生

おてほんにでてくるたんご

ANT	APPLE	AVOCADO	ACCIDENT	ANGRY	ANIMAL

あり	りんご	アボカド	じこ	おこった	どうぶつ

2 なんども聞いてマネしてみよう！

3 書いてみよう

A A A

せんせいのようにいえたら
ごうかくです！

ごうかくしたら
すきなシールを
はりましょう

E

<e>
発音記号
Ｅの音は
にっこり短く
エッ！

1　QRコードから先生のおてほんを聞いてみよう

アメリカ人の先生

イギリス人の先生

おてほんにでてくるたんご

EGG	EDISON	ELEGANT	ETIQUETTE	EIGHT	EMPTY

たまご	エジソンさん	じょうひんな	エチケット	8	からっぽ

2　なんども聞いてマネしてみよう！

3　書いてみよう

E E E

せんせいのようにいえたら
ごうかくです！

I

\<i\>
発音記号

Iの音は
にっこりしないで
キッパリと **イッ**

1 QRコードから先生のおてほんを聞いてみよう

アメリカ人の先生

イギリス人の先生

おてほんにでてくるたんご

INK	INSIDE	INFORMATION	INTERNET	INSECT	INTO

インク	うちがわ	じょうほう	インターネット	こんちゅう	～のなかへ

2 なんども聞いてマネしてみよう！

3 書いてみよう

せんせいのようにいえたら
ごうかくです！

★ ★ ★ ★ ★
ごうかくしたら
すきなシールを
はりましょう

49

アメリカ人の先生

イギリス人の先生

先生はどの
アルファベットの もじ
をいっているかな？

ABC

1 きいてつないでみよう

NO.1 ●

NO.2 ●

NO.3 ●

2 かいてみよう

● A

● E

● I

もう一度先生の顔をよく見て口や舌のかたちをマネしてみよう！

アメリカ人の先生

ANT

APPLE

AVOCADO

ACCIDENT

ANGRY

ANIMAL

EGG

EDISON

ELEGANT

ETIQUETTE

EIGHT

EMPTY

50

 アメリカ人の先生　 イギリス人の先生

先生はどの
アルファベットの おと
をいっているかな？

1 きいてつないでみよう

NO.1 •

NO.2 •

NO.3 •

2 かいてみよう

• A

• E

• I

A.E.I　の先生の発音をもう一度よく聞いてみよう！

イギリス人の先生

INK　　INSIDE　　INFORMATION　INTERNET　　INSECT　　INTO

O

〈ɑː〉
発音記号
O の音は
500 円くらいに
口をあけて、のどから **ア**

〈ɒ〉
発音記号
O の音は
口をすぼめて **お**

1　QR コードから先生のおてほんを聞いてみよう

アメリカ人の先生

イギリス人の先生

おてほんにでてくるたんご

ON	OFF	OCTOBER	OCTOPUS	OLIVE	OSTRICH

～のうえに(の)	はなれて	10 がつ	たこ	オリーブ	ダチョウ

〈～にくっついて〉のいみもある

2　なんども聞いてマネしてみよう！

3　書いてみよう

O O O

せんせいのようにいえたら
ごうかくです！

U

<発音記号>

< ʌ >

Uの音は
おどろいた時の
アッ！

1　QRコードから先生のおてほんを聞いてみよう

アメリカ人の先生

イギリス人の先生

おてほんにでてくるたんご

UP	UNDER	UPSIDE-DOWN	UMBRELLA	UNCLE	UNDERWEAR
うえへ	したに	さかさま	かさ	おじさん	したぎ

2　なんども聞いてマネしてみよう！

3　書いてみよう

U U U

せんせいのようにいえたら
ごうかくです！

ごうかくしたら
すきなシールを
はりましょう

53

アメリカ人の先生

イギリス人の先生

先生はどの
アルファベットの もじ
をいっているかな？

1 きいてつないでみよう

NO.1 •

NO.2 •

NO.3 •

2 かいてみよう

• A

• O

• U

もう一度先生の顔をよく見て口や舌のかたちをマネしてみよう！

アメリカ人の先生

ON

OFF

OCTOBER

OCTOPUS

OLIVE

OSTRICH

アメリカ人の先生　 イギリス人の先生

先生はどの
アルファベットの おと
をいっているかな？

1 きいてつないでみよう

NO.1 •

NO.2 •

NO.3 •

2 かいてみよう

• A

• O

• U

O.U　の先生の発音をもう一度よく聞いてみよう！

イギリス人の先生

UP	UNDER	UPSIDE-DOWN	UMBRELLA	UNCLE	UNDERWEAR

3. 大もじ
おお

ふくしゅう

ひつようなのは？

えんぴつ	ストップウォッチ	たのしむきもち

気をつけなければならないことは？

　AからZまで、なんどもれんしゅうをすると、
どんどんはやくかけますよ。
いそいでかいても、上のせんと赤いせんに字が
くっついているように気をつけましょう。
たのしみながら、なんどもちょうせんすることを、
わすれないようにしましょう。

$$\mathsf{A\ B\ C}$$

おイモたんていからのいらい

①アルファベットは全部で何文字ありますか？

②あなたのまわりでは、どのアルファベットの文字が一ばんにんきがありますか？
（10人にきいてちょうさしてください）

A	B	C	D	E
F	G	H	I	J
K	L	M	N	O
P	Q	R	S	T
U	V	W	X	Y
Z				

Aから Z までよんでみよう！
つぎに、Zから A までよんでみよう！
さいごは、 Aから下にむかってよんでみよう！

A からじゅんばんに
大もじをつなげて絵をかこう！

かくれている文字が
わかるかな？

N O P Q R S T U V W X Y Z

さあ！かいてみよう！

A B C D E F G H I J K L M

ちょうせん！ 大もじ 1

A から Z までお手本を見ないで
どのくらいはやく、せいかくに
かけるか？ちょうせんしよう！

A □ □ D E

□ G H □ J

K □ M □ □

□ Q □ S T

U □ W □ Y Z

なん秒でできたかな？

N O P Q R S T U V W X Y Z

ちょうせん！大もじ 2

A から Z までお手本を見ないで
どのくらいはやく、せいかくに
かけるか？ちょうせんしよう！

1 よりはやくできたかな？

ちょうせん！大もじ3

AからZまでお手本を見ないで
どのくらいはやく、せいかくに
かけるか？ちょうせんしよう！

C

I

L

R

U

2よりはやくできたかな？

:

ちょうせん！大もじ４

AからZまでお手本を見ないで
どのくらいはやく、せいかくに
かけるか？ちょうせんしよう！

いちばんはやくできたかな？

4 小もじ

おぼえよう

小もじをかくばしょは **3パターン** あります。

ネコさんがガイド役をしてくれてますよ。

1	2	3
てんせんと赤いせんの あいだにかくパターン	いちばん上のせんと赤 いせんのあいだにかく パターン	てんせんといちばん下 のせんのあいだにかく パターン

小もじの字書き歌は
『線路は続くよどこまでも』のかえ歌だよ。
小もじの書き方のかわいいアニメーションが
出てくるよ。ビデオをみながら楽しく小もじ
をおぼえることができるんだ。
さあ！ QR コードを読んで出発進行！

さあいこう！

a b c d
k j i h g f e
k l m n o p q
v u t s r
v w x y z

何回も歌って
おぼえちゃおう！

a b c d e f g h i j k l m

小もじの書きとり
れんしゅう

ネコのいちがヒントだ！
うたいながら書いてみよう！

さあいこう！

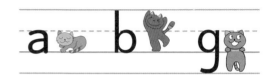

Eをまるめて小さくね

両手を広げてうつむいて、

aを伸ばせばgになり、

Hにすわってハミングを♪

Mは二つのお山だよ

はんぶんとったらmはn

Oはニコニコ小さく

P・Q・むきあっ

Uは支えてあげましょう

V・W・Xかけるかな？

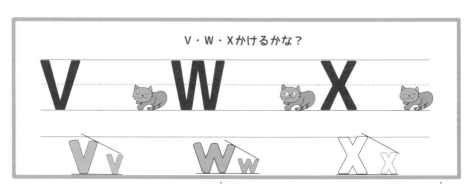

66

n o p q r s t u v w x y z

Aはアリさん忙しそう

Bは上とって！

Cは小粒に…

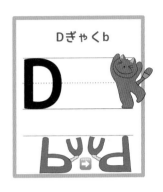

Dぎゃくb

点はあとからIの字だ

i伸ばす、Jになり

ちびっ子Kは背のびして

下とって、L小文字

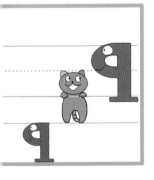

Rはnのとちゅう！

Sはそのまま小さくね

Tに頭をつけようよ

Y、vの下のばそう！

Zでおわりだよ

じょうずに
書けたかな？
なんどもうたって
書いてみてね！

67

A a B b C c D d E e F f G g H h I i J j K k L l M m

ちょうせん！小もじ 1

aから Zまでお手本を見ないで
どのくらいはやく、せいかくに
かけるか？ちょうせんしよう！

a　　　c　　　e

g　i　j

k　m

q　s　t

u　w　z

なん秒でできたかな？

：

NnOoPpQqRrSsTtUuVvWwXxYyZz

ちょうせん！小もじ２

aからZまでお手本を見ないで
どのくらいはやく、せいかくに
かけるか？ちょうせんしよう！

b　　　d

f　　　h

n　o

p　　　s

v　　x　　z

１よりはやくできたかな？ 　　　：

ちょうせん！小もじ 3
a から z までお手本を見ないで
どのくらいはやく、せいかくに
かけるか？ちょうせんしよう！

いちばんはやくできたかな？ 　：

5 テスト

ちょうせんしよう

気をつけなければならないことは？

みなさんは、じてんしゃにのれますか？　なわとびはできますか？
てつぼうはどうでしょう？

みなさんには、できることがいっぱいあると思います。それができるよう
になるまで何かいしっぱいしたのでしょうか？

きっと数えられないくらいですよね。えいごのれんしゅうも同じです。

なんどもくりかえしちょうせんしましょう。

しっぱいしてもだいじょうぶと思うことが、気をつけることです。

そして、たのしむきもちをわすれないでくださいね。

がんばって！

なんども
くりかえして
やってみよう！

アメリカ人の先生

イギリス人の先生

先生はどの
お母さんの音 を
いっているかな？

短い母音の発音を聞きとり、下の5つの母音の中から答えを探して書く練習をしましょう。

お母さんの音（母音）

<æ> エの口でア

<e> にっこり短く　エ

<i> にっこりしないで　キッパリと　イッ

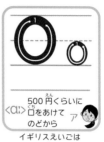
<ɑ> 500円くらいに口をあけてのどから　ア
イギリスえいごは口をすぼめてオー

<ʌ> おどろいた時の　ア！

1 きいて、えらんで、かいてみよう！

小もじも
かこう！

〈おおもじ〉　　　〈こもじ〉

NO.1

NO.2

NO.3

NO.4

NO.5

アメリカ人の先生

イギリス人の先生

先生はどの
子どもの音を
いっているかな？

ABC

子音の発音を聞きとり、下の5つの子音の中から答えを探して書く練習をしましょう。

子どもの音（子音）

<b>バーンの バ

<d>ドレミのドの
さいしょの音♪

<dʒ>てっぱんに
焼肉のせて ジュ

<p>スイカのタネ
とばす時の プ

<t>リコーダーふく時
みたいに t, t, t

1 きいて、えらんで、かいてみよう！

ABC

小もじも
かこう！

〈おおもじ〉　　　　〈こもじ〉

NO.1

NO.2

NO.3

NO.4

NO.5

アメリカ人の先生

イギリス人の先生

先生はどの
お母さんの音 を
いっているかな？

短い母音の発音を聞きとり、下の5つの母音の中から答えを探して書く練習をしましょう。

お母さんの音（母音）

＜æ＞エの口でア

＜e＞にっこりしないで短くエ

＜i＞にっこりしないでキッパリと イッ

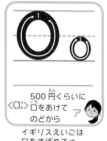
＜ɑ＞500円くらいに口をあけてのどから ア
イギリスえいごは口をすぼめてオー

＜ʌ＞おどろいた時のア！

1 きいて、えらんで、かいてみよう！

小もじもかこう！

〈おおもじ〉　　　　　　　〈こもじ〉

NO.1

NO.2

NO.3

NO.4

NO.5

アメリカ人の先生

イギリス人の先生

先生はどの
子どもの音 を
いっているかな？

子音の発音を聞きとり、下の 5 つの子音の中から答えを探して書く練習をしましょう。

子どもの音（子音）

ハードG
<g>K の口で音をだす

<k>ククッと笑って ク

<s>タイヤに 1mm
穴あいた！スッ！

<w>はく時の
口で ウッ

<z>S の口です～

1 きいて、えらんで、かいてみよう！

小もじも
かこう！

　　　　　　　　　　〈おおもじ〉　　　　　　　　〈こもじ〉

NO.1

NO.2

NO.3

NO.4

NO.5

アメリカ人の先生

イギリス人の先生

先生はどの
お母さんの音 を
いっているかな？

短い母音の発音を聞きとり、下の5つの母音の中から答えを探して書く練習をしましょう。

お母さんの音（母音）

   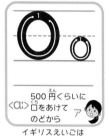 

| ⟨æ⟩ エの口で ア | ⟨e⟩ にっこり短く エ | ⟨i⟩ にっこりしないで キッパリと イッ | ⟨ɑː⟩ 500円くらいに 口をあけて のどから ア | ⟨ʌ⟩ おどろいた時の ア！ |

イギリスえいごは
口をすぼめてオー

1 きいて、えらんで、かいてみよう！

小もじも
かこう！

〈おおもじ〉　　　　〈こもじ〉

NO.1

NO.2

NO.3

NO.4

NO.5

アメリカ人の先生　　イギリス人の先生

先生はどの
子どもの音 を
いっているかな？

子音の発音を聞きとり、下の5つの子音の中から答えを探して書く練習をしましょう。

子どもの音（子音）

1 きいて、えらんで、かいてみよう！

小もじも
かこう！

	〈おおもじ〉	〈こもじ〉
NO.1		
NO.2		
NO.3		
NO.4		
NO.5		

アメリカ人の先生

イギリス人の先生

先生はどの
お母さんの音 を
いっているかな？

短い母音の発音を聞きとり、下の5つの母音の中から答えを探して書く練習をしましょう。

お母さんの音（母音）

<æ>エの口でア

<e>にっこり短く
エ

<i>にっこりしないで
キッパリと イッ

<ɑ>500円くらいに
口をあけて
のどから ア
イギリスえいごは
口をすぼめてオー

<ʌ>おどろいた時の
ア！

1 きいて、えらんで、かいてみよう！

小もじも
かこう！

〈おおもじ〉　　　　　〈こもじ〉

NO.1

NO.2

NO.3

NO.4

NO.5

アメリカ人の先生　イギリス人の先生

先生はどの
子どもの音 を
いっているかな？

ABC

子音の発音を聞きとり、下の5つの子音の中から答えを探して書く練習をしましょう。

子どもの音（子音）

ハードC
<k> K とおなじ音
クックックッ

<h> ため息のさいしょ
の音だよ

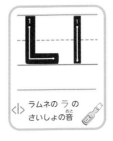

<l> ラムネの ラ の
さいしょの音

<r> ラーメンすする
ときの舌でうー

<ks> K と S 合体
したら X
KS

1 きいて、えらんで、かいてみよう！

ABC 小もじも
かこう！

　　　　　　　　　〈おおもじ〉　　　　　　　〈こもじ〉

NO.1

NO.2

NO.3

NO.4

NO.5

アメリカ人の先生

イギリス人の先生

先生はどの
子どもの音 を
いっているかな？

子音の発音を聞きとり、下の5つの子音の中から答えを探して書く練習をしましょう。

子どもの音（子音）

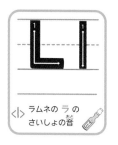

<l> ラムネの ラ の
さいしょの音

<p> スイカのタネ
とばす時の プ

<r> ラーメンすする
ときの舌で うー

<w> はく時の
口で ウッ

<j> イヤだ〜の イヤ

1 きいて、えらんで、かいてみよう！

小もじも
かこう！

〈おおもじ〉　　　　　〈こもじ〉

NO.1

NO.2

NO.3

NO.4

NO.5